DIÁLOGOS COM O CORAÇÃO

DIÁLOGOS COM O CORAÇÃO

DANIEL ARAÚJO

2ª Edição

SUMÁRIO

**7.
DEIXE IR O
QUE NÃO
TEM MAIS
VIDA. ACABE
COM AQUILO
QUE TE
ACABA.**

**25.
DESAPEGUE
DO QUE
TE APEGA
AO CAOS.**

**43.
SUPERAR É
O CORAÇÃO
ENXERGANDO
QUE MERECE
ALGO MELHOR.**

55.
AMORES FRACASSADOS SÃO AULAS DE MATURIDADE.

73.
QUE A SUA LIBERDADE SEJA TÃO INTENSA QUE SEJA CAPAZ DE QUEBRAR A ATMOSFERA.

89.
O RECOMEÇO É UM COMEÇO, SÓ QUE MAIS LINDO.

101.
O AMOR-PRÓPRIO À CASA RETORNA.

DEIXE IR O QUE NÃO TEM MAIS VIDA. ACABE COM AQUILO QUE TE ACABA.

DIÁLOGOS com o CORAÇÃO

Permita deixar o outro partir,
bater as asas para outro habitat,
desapegue do que
não tem mais continuidade.

Não ceda o seu coração
para gente ingrata
se aproveitar da
sua generosidade.

Desprezo é a melhor vingança
para quem não sabe te zelar.

Coleção Compartilha

A vida requer mesmo
que cada um de nós possa
aprender a lidar com o término
e enfrentar a realidade com valentia.

Todo desamparo é aula de crescimento,
toda ingratidão contra o seu investimento
é anotada no caderno da lei do retorno,
você não precisa revidar com algo
que destrua mais sua saúde mental.

Entenda que você não pode
controlar as ações do outro,
se ele escolheu te fazer sofrer,
é bem claro que a colheita dele
será sofrimento.

A vida não passa a mão na cabeça
de quem brinca com o coração dos outros.

Pare de lamentar o que foi embora.
Agradeça pelo que ficou.
O que você tem agora é o que importa.

No início você pode até pensar
que a ausência da pessoa vai causar saudade.
Mas, com o decorrer do tempo,
percebe-se que foi um grande alívio.

Coleção Compartilha

Não se culpe por ter colocado
um fim ao que te deixa sem sossego.
Tudo que for para o benefício
da sua saúde mental
não merece arrependimento.

Você fez o melhor para
si mesmo e ponto final.

Coisas boas surgirão!

Já se foi o tempo de implorar presenças.
Já se foi o tempo de tentar desfazer as malas
de quem já decidiu partir.
Seu coração não é mendigo de atenções.
Aprenda de uma vez por todas
a deixar de lado insistências desnecessárias.
E nunca mais tenha a sua paz arruinada.

Coleção Compartilha

Deixe romper!
Não gaste sua energia tramando possíveis soluções
para mudar aquilo que não tem mais jeito.
Certas coisas você tem que abandonar mesmo
e está tudo tranquilo.

Quando você deixa partir
aquilo que não te acrescenta nada,
você livra seu bem-estar
de uma morte cruel e lenta.

DIÁLOGOS com o CORAÇÃO

Abra mão do que te massacra,
é uma sensação incrível
olhar para quem te esgota
mentalmente e não querer
mais no seu convívio.
Finalmente você poderá dizer:
Estou livre, leve, solta e bem-amada.
Entenda que o final feliz pode
ser do seu próprio lado.

Coleção Compartilha

O segredo é ter segurança nos atos,
é ouvir o seu coração,
é ter coragem o suficiente
de dar tchau para toda falta de respeito e de zelo.

Você vai chegar ao ápice do amor-próprio.
Deixar ir é pura bravura, parabenize-se!

DIÁLOGOS com o CORAÇÃO

Encarar o final é a melhor solução.
Vai doer muito, mas nada disso
conseguirá te desolar:
você é mais forte do que pensa.

Às vezes é preciso se desafiar
a superar certas coisas.
Comece agora!

Coleção Compartilha

Só de você parar de ficar
adiando de sentir com toda
a sua intensidade a dor da perda,
isso já é o início de uma
magnífica superação.

A dor precisa ser sentida,
não evitada.

Não adianta desejar que
não tivesse acontecido.
Busque forças para dar a volta por cima
ao invés de ficar se lastimando.

Não é fácil!

Mas colabore
para a sua alma ficar calma
e o seu sorriso novamente
se acender feito as Três Marias.

Coleção Compartilha

É um ato de autorrespeito olhar
para os sentimentos que te causam
desgosto e desconforto e
decretar a saída deles da sua vida.

Não é amor quando o outro tem que te menosprezar
para se sentir bem.

Abra mão de quem não tem
boas intenções em relação ao seu futuro.
Prezar a sua paz é uma linda missão.

Entenda que há uma natureza
por trás de cada processo.
Experimente sentir a perda,
sentir a leveza chegando
após certas coisas partirem
para nunca mais voltar.
Isso faz parte do início
de boas novidades.

Coleção Compartilha

Não é comum
a falta de cuidado.
Atente-se para com o que
você tolera por
receio de o outro partir.

DIÁLOGOS com o CORAÇÃO

Não se sujeite a pedir para ficar
quem já está bem interessado em ir embora.

Não insista em presenças vazias e sem serventias.

Chega de relações abreviadas e cobiças,
sua alma é imensa demais
para se contentar com coisa pouca.

Coleção Compartilha

Umas coisas o próprio tempo tira,
outras a gente mesmo tem que ter a atitude de tirar.
Acabe de uma vez com aquilo que te acaba.

Deixe para lá quem te olhou como um objeto indesejável,
chegará alguém que te enxergará do jeito que você é,
uma joia rara lapidada com dedicação por Deus.

Não é porque você o ama
que tem que fazê-lo de centro da sua vida.
Seu eixo tem que ser você mesma.

DESAPEGUE DO QUE TE APEGA AO CAOS.

Desapegue de todas as pessoas
que já encerraram a missão na sua vida.
Quando o ciclo se fecha,
tentar prolongá-lo só piora sua qualidade de vida.

Para limpar os vestígios da pessoa do seu convívio
é preciso tempo, mas não é impossível
quando você decide ativar o modo indiferença.

Coleção Compartilha

Priorize um tempo sozinha,
curta sua própria presença.
Não use ninguém como
remédio de superação.

Entreter sua mente
é um dos quesitos principais.
Não se culpe quando a vontade
de recair bater à porta
e você pensar em ceder.
Se perdoe por isso,
você é um ser humano
igual a todos os outros.

**Libere espaço
no seu coração**
para novas pessoas,
mas, dessa vez,
seja mais seletiva.

Aprenda que não tem
problema ficar sozinha,
isso não é feio.
Para quem já entendeu
sobre maturidade,
isso pode ser uma
grande dádiva.

Coleção Compartilha

Diga para os seus dias
que eles ficarão melhores com a
ausência de quem deixou de somar.

Foi só um fim!
Você já superou tantos outros,
não se considere louca
e muito menos desprezível.

Você vai ser amada em grandes proporções.
Dessa vez, tem que ser por você mesma.

Cuide do seu emocional!
Não o deixe virar brinquedo.
Sua vida não merece estar
dançando sob o sentimento
possessivo de ninguém.

Desprenda-se desse laço
que já virou nó.
Sempre há um milagre
te esperando após algumas renúncias.
O que não te leva para frente
não merece o seu investimento.

Coleção Compartilha

Você fez sua parte,
exerceu a sua entrega com muita intensidade,
não tem por que achar que uma relação falida
ainda pode ressuscitar

A autossabotagem vai vir
te visitar com algumas desculpas,
tudo com a intenção de te convencer a
regressar ao que te feria.

Mas não dê ouvidos,
consista em desapegar.

DIÁLOGOS com o CORAÇÃO

É normal tudo parecer estranho
depois do fim, os dias parecem ter
perdido as cores, nada consegue
acordar o teu bom humor.
Mas tudo isso é a força
do hábito de uma vida a dois.

Tudo requer tempo!
As coisas podem parecer fora de ordem agora.
Contudo, futuramente você entenderá
que agir com descaso foi
a sua atitude mais sábia.

Coleção Compartilha

Cuidado com quem nunca consegue
assumir responsabilidades.
Cuidado com quem tem lábia demais
e facilidade de criar argumentos convincentes.

Quando você cede espaço para o vitimismo,
ele resolve fazer lar só para te atormentar.
Atente-se ele pode te trazer
caóticas consequências
a duradouro prazo.

Arranque pela raiz toda toxicidade
disfarçada de relação saudável,
não vale a pena situar-se no que
te tira da sua própria casa.

Você não tem que se acostumar
com a falta de responsabilidade
com os seus afetos.

Se a pessoa não toma responsabilidade
das suas próprias mancadas,
por mais que você alerte...
Se a pessoa não aceita críticas construtivas
pelo bem da relação...

Se ela não se sente feliz quando você conquista algo...
Se a pessoa não sabe peitar a realidade
e acaba distorcendo todos os fatos...
Se a pessoa se considera superior em tudo,
a ponto de ser arrogante...

Se a pessoa desmerece os teus conhecimentos...
Se a pessoa só pensa no seu próprio nariz,
ignorando as suas emoções e sensações...
Ela não é a sua pessoa.

Coleção Compartilha

Segue o jogo,
a vida tem muito a te entregar,
você terá muitas surpresas boas.
Encontre a parte positiva em estar só,
a solidão quer te ensinar a como se bastar.

Um dia,
quem não soube te cuidar vai olhar para você
e vai sentir o coração apertar de arrependimento.
O mundo vai girar e vai te impressionar.

Vá viver a vida!
Lá fora existem
diversas possibilidades de ser feliz.
A sua evolução não para
só porque alguém resolveu se
despedir de você sem ao menos dar
explicações decentes.

Ele fugiu do compromisso
e isso é o suficiente para você
não o querer mais nos seus planos.
Mostre a ele como a vida anda.

Coleção Compartilha

Fuja de quem promete tanto.
Pare de recepcionar
quem não tem intenção de morar.
Abrace a sua própria existência,
valorize quem restará
quando todos partirem:
você mesma.

Amor de cama todo mundo consegue ser,
quero ver ser amor de alma.
Daquele que se comunica
apenas com trocas de olhares,
daquele que causa arrepeio
sem sequer te tocar,
daquele em que a conexão é palpável.

Quando não existe algo além de sexo,
o depois é, muitas vezes, decepcionante.
Não tem quem não se sinta apenas um brinquedo sexual.
Mas sempre tem alguém com quem tudo fica diferente.
A conexão do antes, do durante e do depois,
todos nós vamos ter com apenas uma pessoa.
E ela chegará!

Coleção Compartilha

Acabou a fase de eu normalizar suas mentiras
e te aceitar de braços abertos.
O seu teatro de amor acabou.
E ensinou muitas coisas,
inclusive a me cuidar,
porque esse papel ninguém fará melhor.

Depois que eu aprendi que a minha companhia
é o suficiente para estar em paz,
não me abalo mais,
e muito menos peço para que fique
quem já está com as malas nas mãos.

Fique com quem faz você se sentir singular.
Fique com quem te conquista todos os dias.
Fique com quem eleva a sua dignidade.
Fique com quem não tem conversa mole.
Fique com quem sabe lidar com a sua intensidade.
Fique com quem te olha até a retina cansar.
Fique com quem arrepia a sua alma.
Fique com quem excita o seu coração.

Coleção Compartilha

A vida é breve para perder tempo
vivendo ao lado de quem só te desqualifica
e o tempo todo faz você se sentir substituível.
Não se prenda a uma pessoa que te faça encolher.

Você é flor e precisa ser regada diariamente
para crescer mais forte e mais bonita.

**SUPERAR É
O CORAÇÃO
ENXERGANDO
QUE MERECE
ALGO MELHOR.**

Já se foi o tempo em que eu falhei comigo mesmo,
já se foi o tempo de virar as costas
para o meu amor-próprio.
Cansei de me desfazer para caber onde não me cabia.
O tempo me ensinou que
não é egoísmo cuidar da minha existência
em primeiro plano.

Coleção Compartilha

Ainda bem que me libertei da obsessão
de cuidar dos outros e acabar me escanteando.
Eu voltei a me priorizar.
Ando me amando tão intensamente,
a forma de me cuidar ganhou mais vigor.

Eu quero gritar para todo o mundo ouvir
o quanto eu me transbordo,
o quanto minha existência é linda.

Tive que apanhar bastante,
para entender que a minha preferência
tem que ser eu mesmo
e ponto final.

Vacilei demais comigo,
me intitulei como última opção
e me desfiz
de ser minha própria prioridade
de tanto ficar vidrado
em cuidar mais dos outros.

Coleção Compartilha

Dia após dia
reabasteça-se
de amor-próprio.

Não pense em se isolar
de tudo e de todos,
você merece uma distração
que te livre dos pensamentos pessimistas
que te lembram de quem não te merece.

Se for para ter lembrança,
que seja do precipício
no qual te jogaram.

Você merece alguém
que não te faça se sentir inferior.
Crie uma nova rotina
para não deixar a sua mente
como oficina de saudades.
O seu sentimento por ele não foi correspondido
e nunca será,
engula essa realidade por mais cruel que seja.

Sentimentos rasos não merecem
que você mergulhe de cabeça.

Coleção Compartilha

Vai machucar demais encarar esse final,
mas é para o bem da sua autoestima.
Permita sofrer o luto,
só não se permita lutar novamente
por alguém que te trata como um tanto faz.
Você é forte, você vai encontrar forças
para se empoderar.

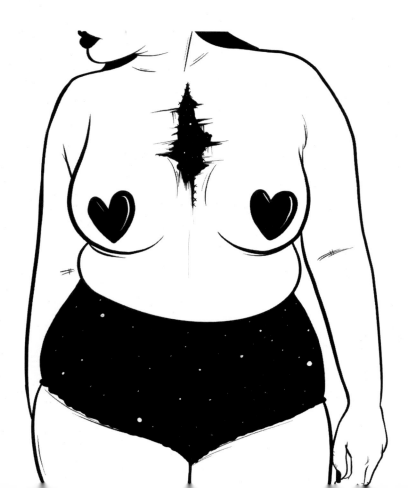

Se dê uma nova chance,
se dê um novo renovo,
você merece ser feliz na maior potência!
Abandone o que já te rejeitou há muito tempo!

Tenha firmeza quando se tratar
de deixar de lado coisas e pessoas
que prejudicam a sua caminhada.

Muita decepção aconteceu
para você saber se dar colo.
Muita decepção aconteceu
para te fazer entender
que **você é a sua alma gêmea.**

Coleção Compartilha

Entre bilhões de galáxias,
prefira a que existe dentro
de você.
Em você mora uma força
gravitacional que precisa
ser reconhecida.

Amadurecer talvez seja sentir preguiça de persistir
nas coisas que perderam a essência.
Amadurecer talvez seja não sentir necessidade de sentir
muito por quem não sente nada.

Coleção Compartilha

Não busque lá fora o amor
que pode ser encontrado dentro de você mesmo.
É no seu íntimo que
se encontra a fonte
dos melhores afetos.

AMORES FRACASSADOS SÃO AULAS DE MATURIDADE.

Você pode tardar para colocar na cabeça,
mas, um dia, irá entender
que todo término
é uma ordem dos céus
para te proteger de algo
que lá na frente iria se agravar
e te trazer lesões na alma.

Coleção Compartilha

Acabou?
Encare isso,
por mais
que na prática seja
uma guerra
aparentemente infindável.

Você precisa acreditar em si mesmo.
Isso é um bom caminho percorrido.

DIÁLOGOS com o CORAÇÃO

É muito difícil quando o fim
nos pega de surpresa,
rasgando o peito ao meio.
O pior é que você na hora
não sabe reagir,
e o nó na garganta prevalece.
Mas nada que o tempo
não sare.

Vida que segue.
Ferida que cura.

Coleção Compartilha

Às vezes, é preciso sentar
e analisar os impasses,
as insônias,
as fisgadas no peito
que a pessoa te causava,
para só então entender
que não houve nenhuma perda,
e sim uma linda vitória.

Se encoraje o suficiente
para olhar para o fim
e ver novos começos,
e lembre-se daquele clichê: tudo passa!
Custar a aceitar o término é normal,
não tem nada fora de comum nisso.
Cada ser com o seu fluxo.

Coleção Compartilha

Você só precisa se distrair.
Foque em coisas novas,
como a sua vida familiar e profissional.
Você não deve congelar a sua vida
por causa de uma relação
que só trouxe prejuízos para o seu coração,
não tem que retroceder.
A vida é mais emocionante
quando a rota é adiante.

DIÁLOGOS com o CORAÇÃO

Nos primeiros dias você vai se angustiar,
vai se culpar de várias formas,
vai criar pretextos para voltar atrás,
vai pensar em recair.
Eu sei bem que
vão surgir tantos questionamentos
e, ao não encontrar certas respostas,
você, além de ficar triste,
vai ficar confusa, mas faz parte.

Coleção Compartilha

Se tiver que desabar, desabe!
Se permita chorar até a última lágrima,
até porque você não é imortal.

Só não deixe que essa tristeza profunda te possua.
Levante a cabeça, incline a coluna
e erga um sorriso radiante,
dias melhores chegarão
para suprir a falta que ele ainda faz.

DIÁLOGOS com o CORAÇÃO

Tudo que deixa de ser saudável
deixa de ser nosso,
o universo reconhece
que merecemos alguém melhor
e a prática do desinteresse
passa a ser a chave mais eficaz.

Tudo pelo bem
do nosso coração.

Coleção Compartilha

Ressignifique certos finais
como proteção de Deus.

Olhe o quanto você amadureceu,
veja que nada foi em vão,
você adquiriu conhecimentos
o suficiente para olhar para trás
e dizer para si mesmo, convictamente:
eu sou mais eu!

Quando as desculpas
esfarrapadas se tornam
amigas do amor,
o relógio aponta a hora
de desistir da pessoa,
mesmo amando-a

Coleção Compartilha

Eu não vou me permitir mais pegar a culpa
e colocar nos meus bolsos.
Não quero mais levar remorsos
que não me pertencem.
Chega de carregar choros de lamentos
nas minhas pálpebras,
de agora em diante
só carregarei sorrisos desinibidos.

Por muito tempo me culpei
por certos finais,
mas hoje entendi que
nem tudo depende apenas de mim.

Compreendi que,
por maior que seja a minha motivação,
ela não é o suficiente
para fazer uma relação se estruturar.
Ninguém merece amar sozinho.

Coleção Compartilha

Hoje em dia, o método é totalmente outro.
Quando uma relação se rompe,
sigo a vida de sorriso intacto,
e quem vacilou que puxe a sua consciência pesada
e as noites de arrependimento profundo
e me assista tocando a vida.

Hoje eu me perdoo por todas as vezes
que apontei o dedo para mim mesmo
para me culpar por causa de certos finais.
Cheguei à conclusão de que preciso enxergar
o meu valor com nitidez
e parar de relevar as decepções
como se o outro fosse
mudar da água para o vinho.

Coleção Compartilha

Amadurecer é entender
que nem sempre tudo sairá do nosso jeito,
mas sim de um jeito bem melhor,
o jeito de DEUS.

QUE A SUA LIBERDADE SEJA TÃO INTENSA QUE SEJA CAPAZ DE QUEBRAR A ATMOSFERA.

Fiz até uma prece para sua saúde,
para você conseguir
me ver desfrutando
da minha liberdade em paz.

Te perder foi uma das melhores conquistas.
Ficar longe de você foi deitar
nos braços da alegria.

Coleção Compartilha

Se afaste de quem te desencoraja
a lutar pelo seu progresso.

Se afaste de quem não sabe
comemorar os seus ganhos.

Se não for para somar,
não merece estar apenas para enfeitar.

Você não pode permanecer
onde só é tratada bem
quando tem algo para oferecer
ao ego do outro.

Exercite gostar da sua própria parceria,
goste da liberdade e do poder
de ficar satisfeito quando estiver
na sua própria sinergia.

Coleção Compartilha

A permanência de alguém
que só te fere contraria a sua
própria paz de espírito.

Onde não houver liberdade,
não há crescimento.

Fuja das gaiolas internas.

DIÁLOGOS com o CORAÇÃO

Ele te trata da forma
mais estúpida e perversa,
é muita judiação com o seu coração
querer recair nesses braços sujos de posses.

Fique em par com a paz
de estar bem consigo mesma.

Coleção Compartilha

Nada mais admirável
do que uma mulher que
se reconstrói e vai apreciar
a sua liberdade feito uma fênix.

DIÁLOGOS com o CORAÇÃO

A habilidade que ela tem
de se recompor é de abismar qualquer um.
Ela dá o seu melhor na sua fase mais crítica.

Ela é destruída da pior forma
e ainda consegue se reformar diante dos escombros.
Não importa qual a tragédia,
ela se ergue mil vezes mais compacta.
É o mundo desabando sob ela
e o seu coração queimando de esperança.

Coleção Compartilha

Azar de quem não zelou
enquanto teve a chance.

Hoje ela está
bem compromissada
com a sua liberdade,
sendo alguém bem melhor
para o seu próprio eu
e desvendando o seu universo.

Ela anda preferindo
mil vezes a sua liberdade
sendo a sua companheira
do que um certo alguém que,
mesmo estando do seu lado,
ainda lhe faz sentir só.
Uma alma que tem
nas asas a liberdade
nunca mais sofre por
um pouso forçado.

Coleção Compartilha

Desatou o nó
que a prendia em
quem lhe atrasava,
ficou mais linda
quando resolveu
chamar suas escolhas
para dançarem.

Ela combina mais
com essa liberdade
de ser do jeito que
ela quer ser, sem
regras, sem rédeas.

Ela não se
desgasta mais tentando
criar soluções que façam
querer uma reconciliação
com quem quebrou seu
coração em pedaços
irreparáveis.

Coleção Compartilha

Evoluir mentalmente talvez
seja entender que não é amor
quando te sufocam com doutrinas.

O amor e a liberdade, se
não andarem juntos,
não têm construção.

Queira alguém que te cause euforia,
não alguém que te cause asfixia
por tirar tua paz.

Você não é substituível!
A verdade é que você
é grande demais para caber
no pouco espaço de vidas vazias.

Esqueça quem não aguentou
o tranco da mulher de fibra que você é.

Você continua sendo uma flor linda
mesmo após terem arrancado
suas pétalas.

Coleção Compartilha

Fique com quem aprecia o seu voo.
Não com quem corta suas asas.

O RECOMEÇO
É UM COMEÇO,
SÓ QUE MAIS
LINDO.

O recomeço começa quando você decide
tirar as algemas que lhe prendem nas lembranças,
menos fotos vistas e menos mensagens lidas,
menor a ruptura e o sangue jorrando.

Recomeçar é dar novos ares
a um pássaro sem voo.

Coleção Compartilha

Os questionamentos serão eternizados
se você ficar focado neles.

Quanto mais você pensar,
mais eles vão se enraizar na sua mente.

Foque agora em recomeçar,
isso é de suma importância.
O passado não é uma boa companhia.

DIÁLOGOS com o CORAÇÃO

Quando o fim foi jogado na mesa,
te pegando de surpresa,
você deve ter pensado
"Caramba! Meu mundo acabou".
Mas não é bem assim,
o seu mundo é você mesmo!
A sua vida pode e deve prosseguir com ou sem alguém,
ela não pausa para você sarar.
Todo final traz a perda de vários estímulos,
mas, futuramente, tudo fará sentido.
Você, estar mais viva do que nunca.
O que morreu foi apenas um amor que já tinha dado
o que tinha para dar.

Coleção Compartilha

Finais massacrantes surgem disfarçados
de renovação para testar a sua fé.

Sempre que precisar, você terá um recomeço
querendo se esbarrar com sua história.

Abrace o aprendizado que adquiriu,
você tem abundantes chances para se restaurar,
o passado não volta mais.

Quando o coração decide recomeçar do zero,
não tem nada, não tem ninguém que o impeça.

Recomeçar não
é nenhum motivo
de vergonha.

O recomeço é um ato
de engrandecimento.

O fim é tão massacrante,
mas o recomeçar é tão lindo!

Recomeçar é trazer o ar
para os teus sonhos que
foram asfixiados por
relações tóxicas.

Coleção Compartilha

Faça uma faxina
na alma, jogue fora
todas as amarguras,
arranque os fardos
das suas costas,
esses lixos emocionais
não têm necessidade
ficarem aí.

Chega de adiar recomeços,
comece com uma atitude
simples, só não deixe para
outra hora, a vida suplica
atitude.

Se reinventar é essencial,
se recrie quantas
vezes precisar, não tenha
medo das mudanças.
Acorde a força
que dorme dentro
do seu interior,
faça a sua vida chover
boas novidades.

Coleção Compartilha

Coloque na sua cabeça que você
merece alguém que te olhe dentro
dos seus olhos e passe um desejo
de enfrentar a tempestade sabendo
que o verão em breve chegará.
Dê um basta em quem já se acostumou
ver você engolir calada toda falta de compromisso,
encerre esse ciclo de ausência de cuidado.

É um perigo para a sua paz,
você sempre dar chances para alguém
que, bem nitidamente, não tem um pingo de afeto
pelos seus sentimentos.

Um amor leal é aquele que mostra importância,
que faz questão de estar presente,
que se torna admirador da sua jornada
e enriquece sua vontade
de correr atrás dos seus objetivos.

Coleção Compartilha

Pare de irrigar amores que não respeitam
a sua individualidade,
você não nasceu para ser engaiolada.
Assim como toda águia,
você nasceu para cantar e voar livremente.

Deplore o fato de ele ter perdido a mulher incrível
que você é. Se enalteça, já que ele não soube.

Ele é pequeno demais para saber se comportar
diante do seu universo vasto de sentimentos.

O AMOR-PRÓPRIO À CASA RETORNA.

Nunca dê a alguém
o poder de dirigir a sua vida.

Apresse-se a viver bem
consigo mesmo,
a vida requer amor-próprio.

Volte a se pertencer
de alguma forma.
Se reencontre.

Coleção Compartilha

Você olhará para trás
e verá que os dias
em que encharcou a fronha
do travesseiro com lágrimas
já passaram.

Só restou um aprendizado
de que toda tristeza
não dura muito.

Sempre que alguém dizia que ia embora,
você tentava convencer para que ficasse.

Mas isso só durou até
o seu amor-próprio
entrar em cena.

Todo o amor que você ofertou
aos outros
e foi recusado...

...Um dia vai ser devolvido
com juros e correção.

Coleção Compartilha

Uma pessoa pode ter tudo.
Se não tiver amor-próprio,
não terá absolutamente nada.

Você não tem que viver
em torno da aceitação de ninguém.
Exerça bem seu papel,
você tem que se responsabilizar por
seus desejos, metas e escolhas.

Dance com o seu amor-próprio
em cima de sentimentos obsessivos e privativos.
Não deixe a sua vida se viciar
em depender da aprovação
de alguém que diz te amar,
mas que não ama sua individualidade.

Amor-próprio é saber que
não é só de qualidades que você é feita.
Você tem o seu lado sombrio,
suas imperfeições,
fragilidades e limitações.

Você pode lutar para ajustar algumas coisas,
mas sem desqualificar nada.

Não fique na neura de que você
nunca será valorizada.

Você é casa de sentimentos múltiplos.

Coleção Compartilha

Seja uma grande influenciadora de si mesma,
incentive o seu progresso espiritual.

Abrace suas debilitações e suas vulnerabilidades,
se aceite bem.

Você passa a compreender
de uma forma suprema os outros
quando, primeiro, se entende bem.

Quando alguém não condiz
com os nossos valores
e temos a coragem
de dispensá-lo,
isso é um grande ato
de veneração
ao nosso próprio coração
e eliminação de conflitos
que furtam
nosso equilíbrio.

Coleção Compartilha

Busque o autoconhecimento!
Aceite a sua realidade
da forma como ela é,
busque todo santo dia
ser melhor do que foi ontem.

Não é loucura às vezes parar
para se ouvir,
cultive o respeito
pelo que o seu interior
sempre tem a dizer.

Tenha admiração por todos
os membros do seu corpo,
aprecie cada curva e cada traço.

Você, além de única, é fantástica.
É uma poesia complexa.
E muitos não saberão te decifrar
por serem analfabetos de amor.

Coleção Compartilha

Reconheça o humano em si.
Assim como toda flor,
você tem as suas pétalas
e os seus espinhos.

Desenvolva a consciência
de quem é você,
sem filtros
e sem máscaras.

Quando chegar ao ponto
de olhar para o que te feria
e se perguntar por quê
se desgastou tanto,
você chegou ao nível mais épico
de amor por si mesma.

Coleção Compartilha

Ela pensou que não fosse segurar a onda,
mas lembrou que é o próprio mar.

coleção Compartilha

A diversidade de vozes que se fazem ouvir nas redes sociais deu uma pista certa para a Crivo Editorial: repercutir múltiplos autores e múltiplas histórias e escritas presentes na Web.
Vozes repletas de vivências, significados e sentidos... Vozes diversas que se fazem ouvir diariamente! Esta é a Coleção Compartilha! Um novo espaço na Crivo, para autores da internet. Curtir, interagir e compartilhar!

Autores:

Volume 1: "500 dias sem você" - Samantha Silvany
Volume 2: "Diálogos com o coração" - Daniel Araújo
Volume 3: "Até voltar às raízes" - Gabi Artz
Volume 4: "Falo sobre o amor, mas não te explico" - Joice Rosa.

Diálogos com o Coração © Daniel Araújo, 08/2020
Diálogos com o Coração © Crivo Editorial, 08/2020

Edição e revisão: Amanda Bruno de Melo
Projeto gráfico e diagramação: Haley Caldas
Ilustração de capa: Lídia Farias
Ilustrações: Mayumi Nakashima
Curadoria da Coleção Compartilha: Fernando Suhet
Coordenação editorial: Lucas Maroca de Castro

Dados Internacionais de Catalogação na Publicação (CIP) de acordo com ISBD

A663d   Araújo, Daniel

   Diálogos com o Coração / Daniel Araújo. - Belo Horizonte: Crivo Editorial, 08/2020.
   116 p.; 14cm x 21cm. - (Coleção Compartilha ; v.2)
   Inclui índice.
   ISBN: 978-65-991776-1-3

   1. Amor-próprio. 2. Autoestima. 3. Autoconhecimento. 4. Relacionamentos. I. Título. II. Série.

                                                    CDD 158-1
2020-1752   CDU 159.947

Elaborado por Odilio Hilario Moreira Junior - CRB-8/9949

Índice para catálogo sistemático:
1. Autoestima 158.1
2. Autoestima 159.947

Crivo Editorial
Rua Fernandes Tourinho, 602, sala 502
30.112-000 - Funcionários - Belo Horizonte - MG
www.crivoeditorial.com.br
contato@crivoeditorial.com.br
facebook.com/crivoeditorial
instagram.com/crivoeditorial
crivo-editorial.lojaintegrada.com.br